DU

PLAN DE DÉFENSE

DE LA VILLE DE LYON.

DEPUIS plus de trois mois le Gouvernement a décidé que Paris et Lyon seraient mis en état de défense : aussitôt des ingénieurs ont été chargés d'en indiquer et préparer les moyens. Paris, dont l'enceinte a été de siècle en siècle étendue aux dépens de ses faubourgs, a été favorisé d'une nouvelle circonvallation, qui couvre presque entièrement les édifices construits depuis le dix-neuvième siècle sur plusieurs points de ses abords. Cette mesure protectrice est, dit-on, due aux sages réclamations des autorités locales.

Il n'en a pas été de même à Lyon ; M. le Général chargé du soin de fortifier cette ville, n'a rien trouvé de plus expéditif, que de réparer des murs construits en 1364, 1565 et 1636 ; c'est-à-dire, de réduire la cité au périmètre qu'elle avait à la seconde de ces époques, et de sacrifier ainsi tous les édifices construits, en vue d'agrandissement et sur l'espoir d'une égale protection, dans les faubourgs de la Croix-Rousse, Vaise, la Guillotière, la Quarantaine, Serin et Perrache.... Sur les indications de M. le Général, il a donc été proposé, par l'administration de la guerre, au Conseil Municipal de Lyon, de concéder au Gouvernement les anciens murs de ville, moyennant leur simple réparation, et leur co-jouissance pour la perception de l'octroi. MM. les membres du Conseil Municipal ont, dit-on, rejeté cette proposition, à une forte majorité ; mais M. le Général, ne se tenant point pour battu, s'applique maintenant à faire rapporter la décision municipale, en insinuant dans les pages du *Précurseur*, aux plus zélés opposans, que les murs de la Croix-Rousse et le fleuve du Rhône sont construits et placés sur les vrais points susceptibles de former obstacle à la surprise de Lyon. Il est donc possible et présumable même, que le Conseil Municipal sera derechef convoqué, et sollicité de délibérer sur cet objet important ; quoique plusieurs de ses membres soient environnés de la considération publique, il est possible encore que ces Messieurs ne se pénètrent pas suffisamment de la gravité des questions soumises à leur délibération. C'est pourquoi nous avons cru devoir et venons signaler à leur sollicitude quelques-uns des inconvéniens que le plan de défense adopté par l'administration de la guerre, causera tôt ou tard à tous les citoyens domiciliés soit *intrà*, soit *extrà muros*, à peu de distance de leur assiette. A cet effet, nous dirons d'abord, que jusqu'en 1361, la ville de Lyon formait trois cités distinctes et closes de murs ; savoir : la Baronnie de St-Just, le Comté de St-Jean, et la Ville commerçante de St-Nizier. St-Paul était le pays latin, ou le lycée des trois cités. On pourrait presque encore avancer que l'Abbaye d'Ainay formait une quatrième agglomération. Les habitans de ces divers quartiers, combattant presque sans cesse, les uns pour le bon plaisir de leurs patrons, et les autres pour la conservation de leurs droits, contre l'Archevêque souverain, ne songèrent sérieusement à s'unir que contre les hordes de brigands, nommés *les tards venus*, qui en 1361 parcouraient et pillaient les environs de Lyon ; et au mois d'avril de la même année, défirent en bataille rangée, dans la plaine de Brignais, l'armée de Charles VI, commandée par Jacques de Bourbon.

Ce fut donc aux frais et par les mains de tous les Lyonnais réunis pour la première fois, que furent précipitamment fondés les remparts de l'ouest, c'est-à-dire, les portes de St-Georges, St-Irenée, celles de Trion et Bourg-Neuf, avec les murs intermédiaires. Ce fut pour arrêter la marche des vainqueurs pendant ces constructions, que les débris de l'armée royale, joints à quelques corps de Lyonnais, démolirent, ou plutôt firent sauter le pont plus que hardi, qui joignait au même horizon, les deux sommités opposées du bourg de Francheville, attendu que la Bresse et le Dauphiné n'appartenaient point encore à la France, et que leurs souverains étaient en mesure de repousser les vainqueurs de Jacques. On pourrait au besoin nommer les échevins gardiateurs sous le consulat desquels eurent lieu pendant trois ans lesdites constructions, et il ne serait peut-être pas impossible d'en retrouver les états de frais. Du côté du nord, la ville réputée commerçante était fermée par un canal transversal du Rhône à la Saône, creusé sur partie de la rue Puits-Gaillot, de celle Ste-Catherine, et déclinant vers la place de St-Vincent; du côté du midi, elle était encore fermée par un autre canal creusé dans la direction des rues du Bois et Chalamont; la rive méridionale de ce canal non murée servait de marché aux bois de chauffage et de construction, comme aujourd'hui les Brotteaux. Plusieurs petites îles remplissaient l'intervalle de cette ligne à l'abbaye d'Ainay, qui était aussi close de murailles, mais ne renfermait que peu de laïcs. A l'ouest, la tour du pont du Change, construite au onzième siècle, servait de barrière. Quant à l'orient, le fleuve du Rhône occupant les Brotteaux, toutes les fois qu'il débordait, jusqu'aux balmes viennoises, et décrivant un demi-cercle pour rejoindre le pont de la Guillotière, la ville avait d'autant moins à redouter de l'approche d'une armée, que l'art de l'artillerie était encore dans son enfance, et que le quai du Rhône était bordé de remparts.

Après le remblai des îles et du canal du midi, de nouveaux murs ou remparts furent construits au-dessous de l'abbaye d'Ainay, et baignés encore par les eaux d'un canal transversal du Rhône à la Saône, faisant suite aux murs du versant de St-Irenée; cette construction, commencée en 1544, ne fut pas de long-temps achevée, mais néanmoins plantée de plusieurs rangées d'arbres.

En 1565, Charles IX vint à Lyon, et après avoir visité tous ses coteaux, jugea convenable de bâtir une citadelle sur le même emplacement qu'occupe aujourd'hui le clos des Chartreux. Le prétexte était de couvrir les abords de Vaise; mais quand elle fut achevée, on s'aperçut qu'elle n'avait réellement d'autre but que de contenir en respect les habitans de la cité, dont une grande partie professait la religion réformée, et de faire renoncer les comtes de St-

Jean à la construction du fort qu'ils avaient commencé quelques années auparavant, vis-à-vis le château de Pierre-Scise. Aussi, les comtes, de concert avec les citoyens, sollicitèrent et obtinrent d'Henri III, en 1585, la démolition de cette forteresse, moyennant une indemnité réputée de quatre cent mille francs. Cette démolition fut suivie de la reprise des travaux du fort St-Jean, et de la fondation d'une longue muraille à la suite, en orient, pour masquer la vue de la ville au plateau de la Croix-Rousse, et la garantir d'une surprise de la part du duc de Savoie, lors souverain de la Bresse.

En 1636, Galas, feld-maréchal d'Autriche et comte de l'empire, ayant envahi, sous les ordres du duc de Lorraine, une partie des états de Bourgogne, les Lyonnais, qui craignaient à juste titre le voisinage des vainqueurs, se hâtèrent de continuer les murs de la Croix-Rousse, et les poussèrent jusqu'au pied du versant d'est, c'est-à-dire aux bords du Rhône. Heureusement pour les constructeurs, Galas perdit une bataille à St-Jean-de-Laune, et reprit le chemin de l'Allemagne; car ces murs étaient faits avec une telle précipitation, que sous le consulat de M. Fay père, la ville fut obligée de dépenser près de quatre cent mille francs, pour refaire en grande partie leur parement septentrional, qui depuis a de nouveau bouclé et s'est même détaché du massif sur plusieurs points. Il doit exister encore beaucoup de personnes qui peuvent avoir vu faire ces réparations. Ce fut aussi en 1636 qu'on acheva les remparts d'Ainay, et qu'on y fit une promenade publique.

Depuis lors les lieux ont singulièrement changé de face ; deux des canaux communicatifs d'un fleuve à l'autre ont été successivement comblés par nos aïeux, le troisième ne l'a été que sur la fin du dix-huitième siècle, et l'on peut dire avec fondement que la suppression des deux premiers fut très-mal imaginée sous plusieurs rapports, puisque les deux fleuves n'étant presque jamais simultanément enflés, ils se servaient alternativement de déchargeoir au moyen de ces tranchées ; leurs eaux circulant avec plus ou moins de rapidité dans la direction de l'orient au couchant, et *vice versa*, délayaient, entraînaient tous les immondices, atténuaient leur odeur fétide, facilitaient les transports de provisions de menage et matériaux de toute espèce, recevaient de nombreux égouts, procuraient un léger courant d'air dans les rues limitrophes et parallèles aux deux quais, et pouvaient, en cas d'invasion, former de puissans obstacles au triomphe d'un conquérant heureux. Mais la propension naturelle de l'homme aux professions plus lucratives et moins laborieuses que le travail de la terre, le besoin de se prêter des secours prompts et mutuels contre les agressions fréquentes de prêtres puissans et cupides, attiraient dans Lyon les habitans des campagnes voisines, et les portaient à ne pas s'éloigner les uns des autres; à cette concentration des industriels, nous devons l'exiguité des places publiques, l'étranglement des rues, l'élévation monstrueuse des bâtimens; et plus tard les constructions faites sur les coteaux du nord et de l'ouest. Au défaut de superficie pour bâtir nous devons encore les remblais, et l'occupation des lits des deux canaux.....

Au dix-huitième siècle les architectes Morand, Cointreau, Perrache et Rater ont rivalisé de zèle et de talens pour donner à la ville une extension proportionnée, soit à sa population toujours croissante, soit au degré de considération qu'elle avait acquise parmi les cités européennes.

Les quartiers créés par deux de ces artistes transmettront leurs noms à la postérité la plus reculée; les travaux des deux autres, moins importans il est vrai, mais cependant très-utiles et peu dispendieux, ont été mis en oubli, et leur mémoire est en quelque sorte effacée, grâce aux courtisans des préteurs que nous imposait Bonaparte au temps de sa gloire, et que nous ont conservés les Bourbons pour dévorer les sueurs du peuple. Les noms de Rater et Cointreau seront oubliés, parce qu'ils n'ont pas, comme leurs collègues, associé des spéculateurs aux succès de leurs entreprises; mais Vaise et St-Clair ne leur doivent pas moins de très-beaux édifices, la superbe avenue de Genève, etc. Par les soins des sieurs Perrache et Morand Lyon s'était considérablement étendu à l'orient comme au midi, lorsque le siége de 1793 en est venu détruire presque tous les bâtimens; dix ans après ce désastre, nous voyons à peine surgir au travers des décombres quelques misérables guinguettes; la prospérité du commerce a tout d'un coup fait cesser cet état de stupeur, d'immenses capitaux ont été détournés des comptoirs, et consacrés à de vastes entreprises; les produits avantageux des octrois de Lyon et de la Guillotière ont mis les autorités locales en état de faire exécuter de grands travaux d'amélioration, et c'est au concours des administrateurs avec les administrés que Perrache et les Brotteaux ont dû la démolition des anciens remparts d'Ainay et le remblai du fossé contigu au midi; qu'ils ont dû les digues, les chaussées, les plantations, les ponts, les tracés et remblais de rues, de places et de cours, les établissemens industriels, et les édifices en tout genre que l'étranger admire sur ces deux points. Mais aussi c'est à ces digues et ces remblais que le quartier de la basse ville a dû la submersion du quai de Retz et de la plus grande partie des rues aboutissantes; c'est à ces digues et à ces remblais que toutes les maisons sises entre la rue Ste-Catherine et Bellecour, ont dû et devront long-temps la fréquente inondation de leurs caves et d'une grande quantité de magasins : c'est enfin au remblai des Brotteaux, que la rue Lafont va devoir l'exhaussement de son pavé, depuis l'Hôtel-de-Ville jusque sur le quai ; les immenses terrains que l'Hôpital-général possède aux Brotteaux, et qu'il ne peut que très-difficilement aliéner, resserrant singulièrement les spéculateurs contre le Rhône, ces Messieurs ont imaginé de couvrir de bâtimens l'espace considérable que ses eaux envahissaient à la moindre crue, et d'intercepter six des arches qui servaient à l'écoulement des crues extraordinaires ; déjà long-temps avant, deux autres l'avaient été pour faciliter l'abord du pont, et peu de temps après le siége, le pont des Picpus, dont les deux arcs avaient la même destination, avait été de même supprimé. Qu'est-il arrivé de tous ces changemens ? c'est que non-seulement de riches citoyens ont consommé leurs ressources personnelles en travaux de tous genres, mais encore des aventuriers et des aventureurs ont, à la faveur d'un crédit éphémère, élevé des bâtimens considérables, qu'il a fallu revendre ensuite à perte des finances de leurs croupiers ; mais ces bâtimens n'existent pas moins, quels que soient leurs maîtres, et sont habités, de préférence aux quartiers obscurs de Lyon, par un nombre prodigieux d'artisans et autres, qui ne diffère guère entre la Guillotière, les Brotteaux et Perrache, du septième de la population lyonnaise proprement dite, c'est-à-dire intrà muros.

A la Croix-Rousse, le propriétaire d'un vaste clos presque attenant aux remparts, le sieur Duminge, a commencé de fonder une petite cité joignant la grande rue du bourg. L'exemple de ce spéculateur a été bientôt imité, et nonobstant la difficulté du transport des matériaux, nonobstant la rareté des eaux, une foule d'entrepreneurs et de petits propriétaires ou rentiers, a comme par enchantement construit en peu d'années de vastes ateliers pour la fabrique de soierie, et des magasins suffisans pour loger des approvisionneurs en tous genres; ces maisons ont été presque incontinent peuplées par la même considération que les Brotteaux, surtout à cause de la blancheur et de l'éclat du tissus qu'on ne peut obtenir dans le voisinage des ateliers de chapellerie, mégisserie, teinture et autres.

Il résulte donc évidemment de ce bref exposé, 1.° que les murs formant l'enceinte de Lyon, qui ont été démolis en 1793, avaient été construits dans un urgent besoin, et sans prendre les précautions qu'exige ce genre de travaux; 2.° que ces murs ont été construits aux dépens des habitans de Lyon; 3.° que le périmètre décrit par ces murs renfermait lors de leur élévation une population de quarante à cinquante mille ames au plus, suivant qu'on peut le vérifier aux archives de la ville, sur les dénombremens de l'époque; 4.° que les murs du versant de St-Irenée et les remparts d'Ainay ont été construits dans un temps où le quartier ancien de Belle-Cour n'était qu'une espèce de promenade fréquemment inondée par l'un et l'autre fleuve, et ne présentait aucune importance : considération d'après laquelle on ne s'est point occupé de protéger ce quartier contre le feu de l'artillerie; 5.° que le pont de la Guillotière, anciennement composé de vingt arches, recevait les eaux du Rhône, même en temps de sécheresse, sous les trois premières du côté d'orient, ainsi qu'il a été reconnu lors du procès des sieurs Charbonier et Combalot, par l'examen des titres produits, et du plan joint à l'un des mémoires. D'où suit la présomption, même la conséquence, qu'alors aucun général instruit ne se serait avisé d'établir des batteries dans les deux îles que formaient les Brotteaux en temps de sécheresse, pour lancer des projectiles sur Lyon, puisque le fleuve est susceptible d'acquérir une forte élévation dans l'intervalle de quelques heures; que, d'autre part, les maisons de Lyon n'étant anciennement que d'un ou deux étages au plus, et se trouvant quasi toutes masquées par des terrassemens, les projectiles qu'on aurait pu lancer de la berge continentale du fleuve n'auraient atteint que la sommité des bâtimens, et les auraient faiblement endommagés; mais qu'il n'en est plus aujourd'hui de même, puisque par l'effet des travaux ci-desus mentionnés, le continent d'est n'est plus distant des quais du Rhône que d'environ deux cents mètres, ce qui met tous les édifices de Lyon à la discrétion des corps d'artillerie des assiégeans, une fois parvenus sur l'autre rive; 6.° qu'il n'existait à une grande distance des remparts de la Croix-Rousse que de misérables chaumières dont la conservation était sans intérêt; qu'il en était de même du côté de Vaise, St-Georges et Serin; que le chemin de St-Clair, ainsi que la porte du même nom, étant postérieurs de plus de cent ans à la construction des murs de ville, ce point était en quelque sorte inaccessible au commencement du dix-septième siècle; mais que la CroixRousse Vaise, Serin et St-Clair ont presque marché de front avec les Brotteaux, chacun suivant sa position et son étendue, de sorte que la grande partie de leurs édifices est préférable à ceux des anciens quartiers de Lyon par rapport à la clarté et à la distribution des appartemens, la facilité de s'approvisionner en combustibles, vins, etc.; 7.° qu'aucun des murs dont la ville était jadis enceinte n'était assez solidement bâti pour résister au choc des boulets de gros calibre dont on fait actuellement usage; que d'ailleurs ils n'étaient point construits suivant les règles postérieurement suivies pour prévenir leur escalade; 8.° que cette même enceinte contient tout au plus deux tiers de la population d'après laquelle le Gouvernement a fixé certaines contributions, telles que les patentes, les octrois, etc. ; tandis que l'autre tiers réside en majeure partie dans ces trois prétendues villes contiguës, qui sont néanmoins sans notaire et sans tribunal, même sans juge de paix. D'où suit l'indispensable nécessité de supprimer d'abord cette ridicule indépendance, sauf à municipaliser Lyon dans le genre de Paris, ensuite de comprendre toutes ces annexes dans une nouvelle circonscription qui les protége au même degré que l'ancienne ville, puisqu'il existe entre leurs habitans et ceux de la métropole une fusion ou communauté d'intérêt qui ne permet pas de les isoler sans leur porter un grand préjudice ; 9.° que tous les murs dont s'agit ayant été démolis en 1793 presque jusqu'aux fondations, et ceux qui leur ont été substitués pour le service de l'octroi, n'ayant que 60 centimètres d'épaisseur au plus, il deviendrait indispensable de démolir ces derniers si l'on voulait donner aux fondations leur destination primitive ; qui plus est, d'acquérir tous les fossés et autres dépendances aliénés, et couverts de bâtimens sur la foi des actes : opération qui, sans compter les délais indispensables des formalités et le mécontentement qu'elle occasionnerait de la part des constructeurs expropriés, ainsi que de leurs locataires, entraînerait le Gouvernement dans une dépense que nous pouvons presque appeler superflue, puisqu'elle exigerait deux ou trois mille ouvriers maçons, mille à douze cents voitures, quatre à cinq cents ouvriers mineurs, cent fours à chaux, quatre cents sablonniers, et trois ou quatre mille manœuvres, pendant au moins une année, et puis encore deux autres années pour sécher les travaux, de manière qu'ils n'écroulent pas au premier choc des boulets; 10.° que c'est encore d'après la démolition de 1793 et sur la foi d'une grande extension du périmètre de la ville, que des chefs de commerce et d'ateliers ont construit de nouveaux établissemens sur divers points extérieurs, d'abord pour éluder l'impôt excessif de l'octroi de Lyon, par de coupables manœuvres (la contrebande), ensuite pour détourner de son sein par divers appas la classe flottante des tisseurs de soierie, tourneurs, mécaniciens, teinturiers et autres ; enfin, que c'est par une vanité mal entendue que trois faubourgs se sont déclarés indépendans, et que deux ont pris le nom de ville; mais que dans la réalité, ces agglomérations, tout extérieures quelles paraissent aux yeux de l'étranger, ont toujours fait et font encore partie intégrante de Lyon.

Nous avons une trop haute opinion de MM. les administrateurs de la guerre, pour ne pas présumer que la communication insérée en deux numéros du *Précurseur* durant le présent mois de février, n'est ainsi publiée, que pour que les Lyonnais n'en prétendent pas cause d'ignorance, et peut-être afin de recueillir les étincelles de lumières qui peuvent jaillir de foyers inconnus jusqu'ici. Nous nous permettrons donc, comme Lyonnais, d'émettre librement notre opinion sur l'esquisse tracée dans les deux numéros du *Précurseur*, afin qu'aussi l'administration de la guerre ne puisse pas inférer de notre silence un consentement tacite à toutes les mesures qu'elle semble vouloir adopter.

Commençons par le nord. On prétend, dit-on, construire deux forts, l'un à Montessuy, l'autre à l'extrémité du plateau de Cuire, sur le bord de son versant; l'on n'entend construire entre ces deux forts, ni sur les pentes latérales, aucuns murs; sans doute, on se propose de garnir ces intervalles d'un nombre suffisant de troupes de toutes armes, puisqu'on les qualifie de ligne de défense. Pour seconde ligne on indique les murs de la Croix-Rousse, comme si trois mois suffisaient pour les rétablir.... et si l'on avait seulement les matériaux propres à leur reconstruction, ceux de Couzon n'étant pas de qualité convenable! Voilà ce que l'on qualifie d'obstacle..., et l'on dit que si un ennemi supérieur en nombre parvenait à franchir la première ligne, grâce à la ruse ou à la force, les batteries des deux forts et celles établies sur les remparts de Lyon, pulvériseraient les téméraires qui se seraient engagés dans les clos, les maisons, les rues, places et carrefours de la Croix-Rousse.

Bien raisonné, répondrons-nous, pour un stratégiste indifférent à la conservation de Lyon, parce que sans doute, il ne doit attacher d'intérêt qu'au succès de ses plans et projets, parce qu'il lui importe peu que de belles maisons soient pour la seconde fois dévastées ou démolies, que des ateliers, unique ressource de maintes familles, soient réduits en cendres, que des plantations soient arrachées, des murs d'enclos abattus ou criblés, pourvu que les décombres de tous les édifices soient arrosés du sang des vaincus, et recouvrent de quelques pouces leurs corps inanimés? Mais un bon Français peut-il honorablement professer la même opinion? ne sait-il pas que les boulets, différant des invitations aux bals et soirées des gens du bon ton, sont lancés au hasard, et frappent indistinctement le palais et la chaumière, le soldat et l'artisan? ne sait-il pas qu'en pareille occurrence, les dix-neuf vingtièmes des victimes de leurs coups seraient des Français....? Supposons donc la Croix-Rousse envahie à la faveur d'une obscure nuit, de quelque méprise ou trahison, et occupée seulement pendant trois jours par une armée de dix mille hommes : pensez-vous, généraux français, que ces étrangers resteront paisibles spectateurs des feux de vos batteries? Ne sauront-ils pas mettre à profit la nuit pour vous en opposer d'autres à leur tour? Ne trouveront-ils pas entre Montessuy et le bastion St-Clair, entre le cimetière de Cuire et le fort St-Jean, sur la rive occidentale de la Saône, des points assez culminans pour vous riposter avec quelques succès ? Ne les avons-nous pas trouvés et occupés victorieusement en 1793? ont-ils moins de perspicacité que nous n'en avions à cette époque? Ces ennemis ne s'abriteront-ils pas le jour dans les édifices, et n'obligeront-ils pas les habitans restés dans leurs foyers, à construire sous la direction de leurs sapeurs, et sous le feu de vos canons, leurs chemins-couverts et leurs redoutes? Ne pourront-ils pas, à tout hasard, lancer dans la nuit des obus et des bombes sur les quartiers des Capucins, des Collinettes et des Carmélites, qui manquent d'eau la plupart du temps ? Ne pourront-ils pas mettre à profit les poutres, les travons et les planches des édifices pour tenter une escalade, s'ils sont tant soit peu favorisés par des agens secrets, comme l'était Crancé par l'infâme Reux et tant d'autres ? Pouvez-vous raisonnablement espérer, que la garde nationale que vous mobiliserez dans nos murs incendie ou renverse de gaîté de cœur des édifices appartenant peut-être à ses propres membres ? pouvez-vous espérer que du haut des remparts elle canonne ou fusille des amis, des parens obligés de travailler contre elle, sous peine de la mort ou de terribles châtimens, par les troupes que vous aurez laissé pénétrer entre ces mêmes remparts et vous? Vos ennemis n'auront-ils pas la précaution de fixer l'attention des forts, c'est-à-dire d'opérer des diversions du côté du nord? et n'existe-t-il pas un col rapproché de Montessuy, dont le sommet est presque au même horizon? le coteau de St-Cyr ne peut-il pas offrir une position capable de recevoir une batterie en face du cimetière de Cuire? Si le défaut de subsistance, l'appréhension d'un assaut, ou la trahison vous forçaient à capituler, quelle responsabilité n'encourrez-vous pas vis-à-vis de votre nation, en abandonnant à ses ennemis, deux postes dont la récupération pourrait nous coûter après des flots de sang, ou d'immenses sacrifices!!....

Venons à l'orient.

L'administration de la guerre a fait construire une redoute au nord de la maison des Hirondelles ou la presque extrémité de la Guillotière, côté d'est; elle s'occupe d'acquérir, d'abord le château de la Motte, ensuite un espace de terrain suffisant pour construire un fort, dans les dépendances du ci-devant fief de la Buire et sur le rayon de la Part-Dieu. Il est à présumer qu'il en sera construit un second sur la ligne de la Tête-d'Or, afin de correspondre avec le bastion St-Clair et Montessuy; comme aussi que l'on placera quelques batteries dans l'intervalle du château de la Motte, au Rhône, pour lier cette ligne au fort projeté sur le clos Rognat au midi du pavillon Chatard. Voilà, dit-on encore, la ligne de défense. Le Rhône vient ensuite former l'obstacle, et l'intervalle de ces deux points est le champ de bataille, où l'on prétend exterminer les agresseurs qui s'y seraient témérairement introduits; on leur laisse ainsi le choix du genre de mort, entre l'eau, le fer et le feu.

Bien raisonné, répondrons-nous encore, pour un étranger auquel le commerce de Lyon porte ombrage, parce que ce moyen de défense tend à renverser, incendier les deux tiers de cette ville, notamment les plus beaux quartiers et les plus précieux édifices, parce qu'il tend à procurer le même sort aux habitans des Brotteaux, de la Guillotière, la Quarantaine, etc.

Mais un Français peut-il bien avoir conçu de sang-froid ce plan que nous nous abstenons de qualifier? peut-il l'avoir surtout conçu, après un examen attentif des lieux?.... Quoi! la route de Grenoble, le clos Martin, le clos Macors, la Ferrandière, le bois des Feuillans, la terrasse Poidebard peu distans de la première ligne, commandent toute son étendue; ces sites seront occupés indubitablement par l'ennemi; dès qu'il aura pu franchir St-Denis de Bron; rétrogradant sur un horizon très-pentif à l'ouest, vous ne les lui disputerez qu'avec un grand désavantage. Une fois fixé sur ce versant, et son quartier-général établi dans les bâtimens du sacré-cœur, comme fut celui de Nœl et Vaubois, les moindres batteries qu'il y pourra construire seront plus élevées que les toits de vos citadelles, que les couronnemens de vos redoutes, et vous ne craignez pas d'en être débusqués! Votre ligne de défense comporte une étendue triple de celle de la Croix-Rousse, et vous ne craignez pas que les intervalles de vos forts ou redoutes soient franchis! Vous paraissez, même en quelque sorte le désirer, pour écraser, dites-vous, les assiégeans dans la Guillotière et les Brotteaux; déjà vous vous figurez leur voir déposer les armes. Ah! désabusez-vous, guerriers imprévoyans! si l'ennemi tentait une pareille entreprise, il l'aurait combinée de manière à ne pas échouer; il se serait ménagé des intelligences avec de rusés habitans, comme d'autres ont fait jadis avec des individus que nous pourrions citer...... Il arriverait comme firent Nœl et Vaubois, comme a fait Bonaparte, aux acclamations d'un parti.... Une fois introduit dans cette masse confuse de bâtimens, au milieu de cette population hétérogène, et secondé par son camp d'est, il braverait presque impunément toute espèce de feux, et se mettrait en contact avec des partisans urbains; il en trouverait, n'en doutez pas, quel que fût son oriflamme?..... Ce pas une fois fait, Français, qui serez isolez alors de nous, et reduits à vos propres ressources, chaque jour, chaque heure, chaque instant vous aurez à trembler qu'un général intelligent n'établisse des batteries sur les décombres des plus beaux édifices de la Guillotière et des Brotteaux; qu'ensuite il vous riposte à la lueur de terribles incendies; vous aurez à trembler que le monument funèbre sous lequel gît la poussière de nos braves de 1793, ne soit impitoyablement dégradé, converti en une formidable batterie; que la fameuse redoute de Béchevelin, qui nous fut si funeste à cette époque, ne soit reconstruite, et que de ces deux points les assiégeans viennent vous inquiéter et harceler dans les ténemens les plus secrets de vos forts de la Motte et la Buire, comme nous dans nos quartiers les plus reculés de l'ouest; vous aurez à trembler que votre redoute des Hirondelles ne soit comme celle de Maestricht tournée en quelques heures contre vous-mêmes, et contre nos deux hôpitaux, comme encore déjà nous l'avons vu; vous aurez à trembler enfin que vos ennemis ne vous enveloppent de toutes parts, et vous contraignent d'abandonner vos lignes et vos batteries, vos munitions et vos armes. Alors, supposant que, protégés par trois têtes de pont précipitamment construites, puisque vous n'y pensez pas aujourd'hui, vous puissiez vous replier en ordre, et parvenir dans nos murs, avec votre matériel, ce qui n'est rien moins que certain; que de viendront dès ce moment vos forts et vos redoutes? ce seront contre les Lyonnais autant d'instrumens de ruine et de mort; ils seront hérissés sur-le-champ d'une formidable artillerie, qui vomira la flamme à toute heure sur nos misérables pénates. L'ennemi se promènera sécurément dans la tranchée qu'il ne manquera pas d'ouvrir joignant le cours Vitton, comme faisaient Vaubois, Nœl et d'Oppet en 1793; il incendiera ou démolira toutes les maisons de ce cours, peut-être même des rues aboutissantes ou parallèles, et sur leurs décombres amoncelés placera des secondes batteries, qui cribleront, incendieront les maisons des quais du Rhône, places et rues en arrière, porteront des obus et des bombes jusque dans les quartiers de St-Georges, St-Paul et St-Jean. Vous lancerez sur eux, il est vrai, des bastions de St-Just et de St-Clair, de la place des Minimes, des terrasses de Fourvières, des Collinettes et des Bernardines, des quais même, une infinité de projectiles qui pourront leur tuer quelques hommes, ou démonter quelques pièces; mais la plupart de ces projectiles ira s'enfouir et se perdre, comme jadis, dans les sillons de la Buire et de la Ferrandière, de la Mouche et de la Tête-d'Or, de la Corne-de-Cerf et de la Part-Dieu; en outre, elle achèvera la destruction des édifices des Brotteaux, de la Guillotière et Béchevelin, que n'auront pas accomplie les assiégeans; et ces projectiles, retrouvés un jour par nos descendans, accuseront, vous, généraux français, de trahison ou d'impéritie! et nous, pauvres Lyonnais, d'apathie et de stupidité!.........

En attendant que ces funestes prévisions s'effectuent, défenseurs imprévoyans de notre cité, qui serez dans ses murs, vous la déclarerez en état de siége, et vous nous en ferez subir les chères conséquences..., jusqu'à ce que, direz-vous, on vienne vous secourir. Mais si de puissantes considérations nous font désespérer du succès de votre résistance, apréhendez, à juste titre, que nous ne tournions un instant nos armes contre vous, afin de vous obliger à capituler, plutôt que de nous laisser ensevelir par un second Sévère, sous les ruines embrasées de nos édifices, comme firent les Lyonnais en l'an 197, pour soutenir la cause du malheureux Albin; songez que votre obstination deviendrait inutile en présence de notre nombreuse population, et de cette refoulée des faubourgs, qui connaissent le système des barricades aussi bien que les Parisiens, et pourraient l'employer avec plus de succès par rapport au poids comme à la forme des pavés; et, supposé que cette lutte n'ait pas lieu, qu'abandonnés par votre retraite à nos propres forces, nous ouvrions nos portes à vos vainqueurs renforcés par des anti-Français, n'est-ce pas sur vous, officiers supérieurs, que pèsera la terrible responsabilité d'un combat à mort entre nos concitoyens désespérés, et des fanatiques accourus plutôt dans le dessein de piller nos richesses que de prêter assistance à leur idole! Ah! soyez certains que sur tous les points de la France où vous irez, leurs habitans, touchés, irrités de nos maux, vous reprocheront avec amertume, d'avoir agi dans l'intérêt d'une puissance émule et jalouse de notre industrie. Barrère fit décréter en l'an III, par la Convention, la ruine et le labour de notre ville, avec l'érection d'une colonne triangulaire au centre de son périmètre, portant pour inscription ces mots : *Lyon fit la guerre à la Liberté, Lyon n'est plus !.......* Et quelle était cette liberté ! Sachez, ingénieurs français, que si malheureusement nos prévisions se réalisaient, nous ou nos descendans perpétuerions aussi par un monument durable le souvenir des maux que vous nous auriez faits ou attirés par vos plans désastreux. Réfléchissez à l'impression qu'il pourrait faire sur l'esprit de vos descendans et des nôtres.

Les fastes de Lyon attestent que presque depuis sa fondation jusqu'à nos jours ses habitans ont été sensibles aux bienfaits comme aux méfaits ; l'empereur Claude, pour les avoir fait déclarer citoyens romains, et admettre leurs élus membres du Sénat, fut honoré pendant cinq cents ans après sa mort ; avant le vandalisme de 1793, on lisait encore sa harangue dans le péristyle de l'Hôtel-de-Ville ; la dénomination d'une belle rue consacrera longtemps la mémoire de ce prince. Le bourg de Ste-Colombe aussi se ressent de la vengeance terrible que tirèrent les Lyonnais de la spoliation qu'ils avaient éprouvée de la part des Viennois ; deux jours suffirent aux offensés pour convertir la plus belle partie de Vienne, en un monceau de ruines ; Charles VII étant venu à Lyon en 1434, et ayant confirmé aux habitans divers priviléges dont ils étaient dès long-temps en possession, ils s'en ressouvinrent, lorsque le Prince d'Orange voulut s'emparer du Dauphiné pour le Duc de Savoie, volèrent au secours du gouverneur de Grenoble, et taillèrent en pièces dans le bois d'Anthon toutes les troupes du Duc.

M. l'ingénieur des ponts-et-chaussées, en 1827, 1828 et 1829, ayant fait construire la digue de Béchevelin pour contenir le Rhône auprès de la chaussée Perrache, et n'ayant voulu suivre aucun des sages avis qui lui étaient communiqués à cet égard, a obtenu un résultat tout-à-fait contraire au but que le Gouvernement, les Conseils municipaux de la Guillotière et de Lyon, ainsi que de nombreux souscripteurs l'avaient chargé de remplir. Le Conseil de Lyon, justement indigné d'une pareille bévue, en a voulu perpétuer le souvenir par une délibération, où il est dit, que M. l'ingénieur, au lieu de diriger le fleuve du nord-est au sud-ouest, conformément aux plans et devis qu'il avait dressés lui-même, et soumis aux délibérans, a attiré toutes les eaux du côté d'est, sous prétexte de ne pas interrompre la navigation, en laissant au centre de la chaussée projetée un vide considérable qui ne pourra que tôt ou tard s'élargir par l'effet des affouillemens; qu'au lieu d'approfondir le lit du fleuve, depuis la Charité jusqu'en aval de la prison, M. l'ingénieur l'a haussé de plusieurs bancs de gravier; qu'au lieu de dessécher et combler l'anse de Béchevelin, M. l'ingénieur l'a fait creuser par le fleuve sur une grande étendue, et à la profondeur de trente-cinq ou quarante pieds, etc.

M. l'ingénieur s'est bien gardé de réclamer contre cette décision que sanctionnera le premier débordement du Rhône; il est donc présumable que quelque jour, un historien la publiera, et qu'une administration moins préoccupée et moins indulgente que la nôtre en ce moment, reviendra sur cet objet important, et fera repentir M. l'ingénieur d'avoir fait, non-seulement dépenser à la ville une somme énorme en pure perte, mais encore d'avoir détourné, peut-être pour toujours de son lit opportun, un fleuve qu'il était facicle d'y maintenir avec de simples enrochemens liés par les carcasses de quelques mauvais bateaux. Qu'aura M. l'ingénieur civil à répondre, si ce n'est de convenir de son impéritie, de son aveugle opiniâtreté, pour s'excuser d'une responsabilité qui pourrait absorber sa fortune toute entière?

Messieurs les ingénieurs militaires, si votre projet de fortification vient à subir le sort de celui dont nous venons de parler, vous aurez à redouter comme lui et plus que lui, le blâme des administrateurs et des administrés de Lyon, sans compter celui de toutes les communes environnantes sur qui notre malheur pourra refluer. Vous exciterez le mécontentement, l'indignation de toute la France septentrionale et même des départemens de l'Isère et de la Drôme, avec qui nous avons des relations habituelles; l'Administration vivante de Lyon imitera la défunte, et celles qui lui succéderont vous jugeront peut-être avec plus de sévérité.

L'administration de la guerre a, dit-on, adopté pour toute ligne de défense au midi les murs du versant de St-Irenée, avec une tranchée du Rhône à la Saône faite à quelque distance de la nouvelle prison et protégée par un fort construit dans le clos Rognat, au-dessus de la voie d'Agrippa. Si nous étions au quatorzième siècle, cette ligne serait sans doute assez forte pour opposer une vive et heureuse résistance, parce que le canon ne pourrait endommager aucun édifice dans le quartier d'Ainay, que la Quarantaine ne présente qu'un faible intérêt, et pourrait d'ailleurs être défendue par un fossé qu'il serait facile de remplir de l'eau des fontaines de Choulans; mais malheureusement il n'en est pas ainsi; l'ennemi peut aisément s'établir sur le coteau de Ste-Foy, à quelque distance du nouveau fort, et de là faire avec ses occupans un échange continuel de boulets. Il peut faire plus : il peut lancer des obus et des bombes sur tout le quartier d'Ainay et partie de St-Just, comme en 1793, pendant que nous lancerons quelques boulets sur les jolies bastides qui tapissent le coteau, et qui appartiennent toutes à des Lyonnais : belle alternative pour ces derniers, d'être incendiés d'un côté ou d'autre, quelquefois de tous deux ! Sans doute, cette ligne de défense peut n'être pas forcée, parce qu'elle nécessiterait à l'ennemi des opérations périlleuses, telles que l'établissement d'un pont sur le Rhône, de magasins de subsistances, d'un parc d'artillerie, de postes de correspondances et autres embarras ; mais elle ne garantit de l'incendie aucun des édifices de la presqu'île, et c'est un grave inconvénient, puisque les moulins à vapeur y sont établis, et que d'autres peuvent l'être en huit jours dans les fabriques de plâtre et d'acides, en remplacement de ceux sur bateaux que l'ennemi ne manquerait pas, comme en 1793, de couler à fond ; et dans le cas où des assiégeans voudraient opérer un blocus régulier, cette ligne exigera autant de fantassins et d'artillerie, que si elle était poussée au revers méridional de Ste-Foy, et elle ne remplira pas, à beaucoup près, le même effet, puisqu'elle nécessitera indubitablement l'évacuation de la nouvelle prison de Perrache, de la manufacture de tabacs, de la caserne, de l'indiennerie, etc.

Nous venons à l'ouest. Ici la nature s'est semblé complaire à protéger Lyon ; en 1815, MM. les ingénieurs français ont épuisé les ressources de la science pour fortifier cette ligne, et tous les Lyonnais doivent sincèrement regretter que le Gouvernement n'ait pas fait alors les sacrifices nécessaires vis-à-vis des propriétaires lésés, pour conserver intacts les ouvrages de terrassemens qui avaient été exécutés à grands frais. Mais puisqu'il n'en reste plus les moindres vestiges, il est présumable que MM. les ingénieurs actuels imiteront à peu de chose près les précédens, et surtout occuperont le point culminant à l'ouest des acqueducs de St-Irenée, s'ils persistent à repousser le plan de défense sur Ste-Foy de 1793. Il est présumable encore qu'ils occuperont comme à cette époque la porte de Trion, surtout le revers méridional du col de Loyasse qui la commande, et d'où l'on peut croiser le feu des acqueducs pour déblayer tout Champvert et une partie de Gorge-de-Loup.

Quant au faubourg de Vaise, nous convenons qu'il n'est pas, à beaucoup près, si facile de le garantir maintenant qu'en 1793 et même en 1815, parce qu'alors il n'existait aucune maison au-delà de la place de la Pyramide, et que les quatre batteries établies à la Duchère ne dominaient pas comme aujourd'hui une masse considérable de bâtimens. Si donc, on voulait protéger ceux-ci, nul doute qu'il ne faille se porter à Grange-Blanche, et occuper le plateau supérieur à la Duchère, comme l'ont fait les Lyonnais en 1793, et comme firent les généraux St-Clair et Pannetier en 1814. Mais une pareille mesure exigerait, suivant le nombre des assiégeans, un déploiement de forces presque égales aux leurs, c'est-à-dire deux camps avancés, qu'il serait difficile de secourir, vu l'éloignement, s'ils étaient simultanément attaqués ; la formation de cette ligne de défense est donc entièrement subordonnée au nombre des assiégés ; s'il n'est pas assez considérable pour occuper les positions que nous venons de citer, ils peuvent se borner à couvrir la plus grande partie de Vaise avec les batteries du revers de Loyasse, de la Belle-Allemande et autres, et abandonner le nord du faubourg aux chances de la guerre. Comme nous ignorons à cet égard la résolution de Messieurs du génie, nous avons lieu de présumer que l'aspect des lieux et le calcul des forces leur suggéreront une défense aussi sûre et glorieuse que celle de 1793, dont la durée fut de soixante jours.

Il nous reste à exprimer un seul désir, c'est que le pouvoir ne tente pas d'effectuer le projet d'un officier trop ardent.........., M. Peillon ; celui de construire une citadelle sur Fourvières (1). Si ce

(1) De l'importance militaire de Lyon, page 15.

malheur nous arrivait, les habitans devraient ou ne pas le souffrir, ou renoncer pour toujours à l'indépendance pour laquelle leurs ancêtres ont fort, si souvent, et long-temps combattu.

Nous nous résumons et disons qu'une même ordonnance a prescrit de fortifier Lyon et Paris, que l'un est fortifié tel qu'il se trouve en l'état, c'est-à-dire avec ses cinq circonvallations successives, tandis que l'on voudrait fortifier l'autre, tel qu'il était il y a trois siècles; et nous demandons d'où vient cette différence ?.... La cause en est-elle topographique, ou politique ? le Gouvernement ne doit pas nous la laisser ignorer.

Depuis quinze ans au moins nos contributions proportionnelles sont basées sur une population de plus de cent mille ames, Lyon *intrà muros* n'en renferme pas plus de quatre-vingts; nous avons donc par anticipation supporté l'impôt d'une adjonction imaginaire, si les masses de bâtimens *extrà muros* qui en ont été l'objet, ne sont pas enclavées dans notre future circonvallation. De nombreux capitalistes de Lyon ont acquis ou construit sur la foi du présent des propriétés dans les faubourgs : si vous détruisez, ruinez ceux-ci, vous portez atteinte à leurs droits, peut-être même à leur existence physique. Cette observation fut faite en 1814 à Carnot par les habitans d'Anvers et de ses faubourgs, et Carnot y fit droit. Un monument érigé par les populations de Bergerhout et St-Willebrord, et une délibération honorable des Conseils Municipaux de ces deux faubourgs, constatent à jamais le bienfait et la reconnaissance. Généraux français, serez-vous moins sensibles au malheur que ne le fut ce grand homme, quand notre position vous semble commander plus d'égards personnels, plus de ménagemens locaux, puisqu'Anvers n'appartenait à la France que par droit de conquête et depuis peu d'années, tandis que Lyon n'y a été réuni que sous des conditions écrites, auxquelles les cahiers des Etats-Généraux n'ont point dérogé? Si vous dédaignez d'imiter l'homme que Bonaparte et tous les princes du Nord honorèrent de leur estime, appréhendez, nous ne saurions trop vous le répéter, les suites funestes d'un pareil aveuglement, et de la terrible responsabilité que vous assumez sur vos têtes.

Citoyens de Lyon et de ses faubourgs, qui considérez d'un œil indifférent les travaux de défense que le génie fait lentement exécuter à dessein, pour que vous ne puissiez pas arguer un jour de la surprise, *quelle que soit la nuance de vos opinions politiques*, abjurez cette apathie, demain l'horizon peut s'obscurcir, et vous n'y serez pas opportunément préparés, il sera trop tard pour le faire. La France a, de 1812 à 1815, éprouvé les instabilités de la fortune; 1831 peut émanciper ou asservir l'Europe entière.... Toutes ses armées sont mises sur le pied de guerre ; les traités qui liaient les puissances belligérantes de 1814 et 1815 subsistent dans toute leur force ; la France alors vaincue, soumise, s'est, il est vrai, relevée de son abaissement, ses armées sont reconstituées, l'esprit public est ranimé, le crédit est revivifié ; mais nous n'avons pour alliées que la malheureuse Pologne et la trop faible Belgique : toutes deux auraient besoin de secours, aucune ne peut nous en prêter ; l'Italie, qui paraît désirer notre assistance pour l'aider à secouer le joug de l'Autriche et du Vatican, n'est point une alliée sincère; nos fastes de plusieurs siècles, et des événemens contemporains, attestent son égoïsme et son ingratitude envers les Français ; le passé est le miroir de l'avenir.... ; la cour d'Espagne entend se libérer, par le canon, des sommes que nous avons dépensées pour elle, en vue d'y rétablir le pouvoir absolu ; le cabinet anglais ne se montre pas hostile aujourd'hui, mais peut le devenir d'un jour à l'autre; Wellington vit encore......... Et maintenant que, grâce à la cupidité de quelques trafiquans établis à Lyon, Londres est en possession des secrets de notre teinture et de tous le mécanisme de nos métiers, le commerce de cette ville, non moins égoïste que nos transfuges, ne serait point fâché de voir détruire le berceau de ces arts inappréciables.

Les autres puissances ont les yeux sur nous, observent nos mouvemens, entretiennent des émissaires au sein de nos villes pour en étudier l'esprit ; aussitôt que l'occasion opportune s'en présentera, leurs armées fondront par plusieurs points sur notre territoire, si les nôtres ne les préviennent pas ; les départemens de l'Ain et l'Isère qui ne sont point fortifiés, seront les premiers envahis, occupés, afin d'encourager les mécontens du Sud, et d'affaiblir les défenseurs des Pyrénées.

La Suisse a bien fait des démonstrations de neutralité ; mais sont-elles bien sincères ? il est permis d'en douter.... Sa précédente et coupable complaisance envers le cabinet de Vienne, la rancune qu'elle nous garde infailliblement des événemens de juillet, soit par rapport au licenciement de ses bataillons, soit par rapport aux réformes administratives de quelques-uns de ses cantons, faites d'après les principes de notre Charte, autorisent d'abord notre suspicion ; ensuite la crainte qu'a cette nation très-intéressée, d'avoir à soutenir contre l'Autriche une lutte inégale, celle surtout de servir de théâtre à la guerre prête d'éclater entre cette puissance et nous ; d'avoir à supporter ainsi des réquisitions, des dégâts, des logemens, des fournitures, dont elle serait tardivement indemnisée ; toutes ces considérations nous portent à croire que la résolution de neutralité prise par la Suisse, quels que soient les signes d'énergie dont elle paraît accompagnée, pourrait bien n'être qu'un vain simulacre d'opposition au passage d'une armée dirigée contre nous. Et qui sait encore si cette supposition n'est pas beaucoup trop modérée ?.....

La cour de Turin ne nous voit sûrement pas de bon œil, ses alliances avec la branche aînée des Bourbons autorisent ce sentiment; l'asile que nous fournissons à ses proscrits, l'exemple que nous donnons à ses sujets, ne sont point faits pour nous concilier sa bienveillance. Le sentiment de la faiblesse lui fait bien temporiser l'expression de sa haine, mais c'est un ferment qui s'aigrit de plus en plus, et n'attend pour se développer que la présence des escadrons autrichiens. L'héritier présomptif du trône, quoique long-temps secouru, protégé par la France, a maintenant oublié ses bienfaits; presque assuré de la couronne par la volonté apparente de Félix, il ne songe plus qu'à se maintenir dans ses bonnes grâces; et marchant sur les traces de François des Deux-Siciles, non-seulement il oublie, mais encore il opprime, dit-on, les nationaux qui s'étaient dévoués à sa cause en 1812. Nous devons donc nous attendre à ce que la cour de Turin fournira d'abord spontanément le passage aux troupes de l'Autriche, avec les subsistances et les moyens de transport dont elle peut disposer; ensuite un contingent de troupes, surtout de fantassins, pour l'aider à pénétrer sur notre territoire.

Quels sont nos moyens pour résister à l'irruption de ces deux armées? J'entends de suite dire, l'invasion de la Savoie qui nous tend les bras, l'occupation du St-Bernard et du Mont-Cenis, points culminans desquels nous pouvons descendre dans la vallée d'Aost et la principauté de Piémont.

Mais cette Savoie sur laquelle vous comptez tellement que déjà vous donnez le nom d'*armée des Alpes*(1) aux corps chargés de s'en emparer, pensez-vous, généraux français, que sa population vous soit généralement dévouée, et qu'elle consente à doubler de suite ses impôts pour l'honneur de nous appartenir? Rien n'est moins sûr; sans doute, il est un parti qui désire notre présence, mais ce n'est pas celui de la classe aisée; la classe moyenne est divisée en deux parties: l'une se compose de fonciers qui ne sont pas encore nos vrais amis (nous l'avons éprouvé en 1792 et 1793); l'autre de négocians sur l'assistance desquels nous pouvons à peu près compter, cependant jusqu'à certain point... La dernière classe voit d'un œil très-indifférent la révolution qui la rendrait une seconde fois française. Elle l'est presque toute, en ce sens, que la majeure partie de ses membres habite notre territoire pen-

(1) Le Duc de Savoie se qualifiait aussi de roi de Jérusalem.

dant six mois de l'année. La France ne peut donc réellement espérer, en cas d'invasion de la Savoie, que le concours d'une dixième partie de ses habitans. Ce ne sont pas les plus inerts il est vrai, mais ce ne sont pas les plus opulens : ainsi les neuf autres accueilleront les Piémontais et les Autrichiens, s'ils ne figurent pas dans leurs rangs comme en 1792 et 1793; ils leurs fourniront du moins sans contrainte, à titre onéreux ou gratuit, tous les secours qui seront en leur pouvoir....

Sitôt le Rhône et le Guiers bordés de troupes françaises, la rive opposée sera garnie d'Autrichiens; ces deux passages pourront donc être disputés, avec plus ou moins de ténacité, suivant les dispositions de la Suisse à notre égard......, et le nombre de combattans de part et d'autre; car nous ne sommes plus au temps de Turenne, Villars et Condé, où l'on comptait la perte d'un homme pour quelque chose; nous avons appris à faire la guerre des masses...... Quiconque connaît la Savoie, dira que sa surface étant toute hérissée de cols séparés par de profondes vallées ou d'étroites gorges, et son horizon général inclinant fortement de l'est à l'ouest, et du nord au sud, nous ne l'envahirons que pied à pied, pour peu qu'elle soit défendue par un général intelligent, avec un certain nombre de troupes; parce que le transport des munitions et des subsistances nous deviendra de plus en plus pénible, et que nous ne pouvons espérer de trouver sur les lieux que de bien faibles ressources, puisque, à part l'exiguité, la stérilité du sol productif, les colons auront déjà subi la consommation de leurs défenseurs, peut-être même l'enlèvement de tout ce qui peut excéder leur strict nécessaire.

A ces obstacles puissans, comparons maintenant ceux que nous pourrions opposer, dans le cas où notre armée moins nombreuse, plus tard organisée, laisserait franchir le Rhône ou le Guiers aux Autrichiens, empêchés de pénétrer par Genève et le fort Barreau, ou Grenoble si l'on veut. L'inclinaison de la surface de la Savoie se prolonge dans le Dauphiné, celle du Bugey, portion du département de l'Ain, tend du nord au midi, ou suit à peu près la pente du Rhône; l'ennemi trouvera donc sur ces deux points beaucoup de facilité pour les charrois; il en trouvera bien plus encore pour les subsistances proprement dites, puisque l'arrondissement de la Tour-du-Pin et ceux de Vienne et Bourgoin servent, durant quatre mois, de greniers à Lyon, et que la Bresse, autre portion de l'Ain, produit six fois plus de céréales qu'elle n'en consomme : si nous joignons à ces avantages, celui des immenses prairies, et des cheptels considérables attachés à chaque ferme, pourra-t-il rester quelque doute sur la question de savoir lequel du territoire français ou du territoire savoisien est plus facile à conquérir..... ? il y a quatre mois que ce dernier n'eût pas coûté presque une amorce.....; les gardes nationales des trois départemens voisins eussent atteint sans coup-férir le sommet des Alpes, et s'y seraient facilement maintenues avec des pièces de petit calibre. Mais le Gouvernement ne l'a pas voulu ; il avait ses raisons, elles passent les bornes de nos investigations. Aujourd'hui ces trois départemens courent le risque d'être envahis eux-mêmes, et de devenir ainsi les hôtes gratuits des armées ennemies, peut-être les esclaves de leurs princes ou généraux....

Nous ne sommes entrés dans ces détails que pour signaler avec plus d'évidence le danger d'invasion auquel nous sommes exposés, tandis que toutes les villes du nord, qui ne présentent pas, à beaucoup près, le même intérêt que Lyon, sont protégées par des places fortes. Combien ce danger deviendra plus imminent, si, par des causes que nous ne pouvons indiquer, l'armement de la Suisse, devenant illusoire ou préjudiciable..., les départemens du Doubs et du Jura sont encore envahis ; ce ne sera pas sur le nord de la France que se dirigeront les vainqueurs, ce sera sur Lyon en droiture ; qui sait si, surprenant ou enlevant le fort Barreau, une forte colonne n'ira pas observer Grenoble, et ne poussera pas sa marche jusqu'à Valence, afin d'intercepter nos communications, et se grossir des mécontens du midi ? Ce cas arrivant, nous serons donc réduits aux ressources du nord et de l'ouest, qui seront en majeure partie absorbées par les besoins ou les exigences de la capitale, etc.... comme en 1814 et 1815.

Si nous éprouvons des échecs dans l'Ain, le Jura, le Doubs ou l'Isère, Lyon risque donc d'être une troisième fois assiégé par l'Autriche; il est presque indubitable qu'alors il sera défendu par les Français avec plus d'énergie que les deux autres fois, grace au patriotisme dont la jeunesse est animée; mais qui sait si ses efforts seront couronnés de succès? Les Polonais sont bien aussi vaillans que nous....., ils sont bien cent fois mieux unis d'opinions.........; cependant tout porte à croire qu'ils ne pourront échapper à la fatalité d'une soumission plus ou moins humiliante. Lyon, dont la richesse et la population doublent à peu de chose près celles de Varsovie; Lyon, qui depuis six cents ans est convoité par la cour de Turin, sera, n'en doutons pas, traité pendant les horreurs d'un siége, ainsi que ses environs, avec moins de ménagement que la Pologne; parce que la soif de vengeance du czar est en quelque sorte mitigée par la satisfaction intérieure de reprendre la souveraineté d'un peuple dont la valeur éprouvée l'énorgueillit aux yeux des autres souverains; tandis que, comme l'a très-judicieusement dit le général Bachelu, si les puissances coalisées viennent à bout de nous vaincre, elles diviseront, rétréciront indubitablement la France, de manière à la réduire pendant plusieurs siècles à l'impuissance de les combattre (1).

De quel lot Lyon ferait-il partie en ce cas ? c'est ce que le cabinet de Vienne n'a pas encore laissé pénétrer, et qui dépasse les prévisions des observateurs ; mais il est à présumer que son sort dépendrait de l'état dans lequel il se trouverait à l'issue de la guerre....... Lyon peut donc avoir à subir de grands événemens ; il y survivra, *quoiqu'il ne soit considéré que comme un point du territoire français par Messieurs du génie ;* il y survivra, disons-nous, si ses administrateurs marquent constamment leurs actes au coin de la prudence, et si ses défenseurs daignent concilier ses intérêts matériels avec l'honneur national. Que les Maires des faubourgs s'empressent donc d'offrir leur démission ; qu'ils engagent leurs administrés à ne former avec ceux de Lyon qu'une même famille dirigée par trois chefs ayant un centre d'unité ; que ces chefs ne nous soient pas impérieusement octroyés par le pouvoir, mais qu'ils soient élus par les citoyens, comme nos anciens échevins et prévôts ; qu'ils soient choisis parmi les hommes les plus notables, non par la subtilité de leur

(1) Opinion du général Bachelu sur la situation de la France, Lyon 1831, page 23.

esprit, par leurs connaissances abstraites, ou par leur éloquence fleurie, mais par le nombre et *la droiture de leurs actes*, par la valeur de leurs propriétés urbaines ; et que cette nouvelle autorité témoigne et démontre énergiquement au Souverain nos justes craintes et les moyens, de les faire cesser ; si les lois actuelles ne permettent pas encore de composer une telle administration, que les notables propriétaires et négocians se réunissent en divers lieux, et choisissent neuf commissaires, lesquels seraient chargés de signaler au Gouvernement, par l'organe d'une députation, les dangers que présente à nous tous le plan de fortification adopté pour la défense de notre ville ; que parmi ces dangers la députation signale, outre ceux que nous avons faiblement esquissés, celui de voir un général étranger, une fois en possession de tel ou tel fort, nous imposer, souspeine d'incendie partiel, les conditions les plus humiliantes, nous accabler de contributions de toute nature, pour satisfaire sa cupidité, celle de ses intendans, ses favoris ou ses maîtresses ; et finir, dans un accès de délire ou de débauche, par leur donner, comme Néron sur le Capitole, Sévère sur Fourvières et Dubois-Crancé sur Montessuy, l'horrible spectacle d'un incendie presque général ; que parmi ces dangers la députation signale encore celui de voir un général français nous dicter impérieusement tous ses caprices, et faire réfléchir sur nos maisons, nos établissemens industriels, *par le feu du canon*, tous les torts que pourraient avoir envers lui, ou le Gouvernement, quelques misérables prolétaires aigris par l'urgence des besoins, l'égoïsme et la brutalité des mauvais riches, ou séduits par de criminelles suggestions ; que la députation signale enfin le danger de voir un général français, trahissant sa patrie et son prince, livrer dans une nuit obscure, à leurs ennemis ces mêmes forts, et compromettre ainsi l'honneur et les intérêts de toute la France méridionale.

Si, contre toutes probabilités, des remontrances aussi justes et lumineuses étaient repoussées, les Lyonnais devraient alors considérer le plan de fortification conçu par l'administration de la guerre, comme non moins attentatoire à la sûreté de leurs personnes et de leurs propriétés, à l'indépendance dont leur cité jouit depuis plus de 1800 ans, exception faite de la durée de l'empire, que ne fut jugée par leurs ancêtres du 16.e siècle la ci-devant citadelle de Charles IX ; et la députation devrait demander au Gouvernement que tous travaux soient préalablement suspendus, jusqu'à ce qu'une commission spéciale ait visité les localités, entendu les réclamations, et présenté à la Chambre des Députés un rapport détaillé sur les dispositions militaires dont Lyon et ses annexes sont et peuvent être susceptibles ; car en résultat, puisque la nation paie les frais de ces fortifications, pourquoi ne serait-elle pas consultée sur leur préjudice ou leur utilité ? et puisque Lyon est considéré par tous les stratégistes comme la clef de la France méridionale ; puisque ses habitans seuls versent au trésor en impôts directs ou indirects, comme l'a judicieusement remarqué en 1826 un de nos magistrats actuels, une somme égale aux contributions réunies de huit à dix départemens ; puisque la valeur intrinsèque de Lyon consiste essentiellement dans ses superbes édifices et ses précieux mobiliers, dans les innombrables marchandises de toute nature, dont il est continuellement le créateur ou l'entrepôt ; puisqu'enfin ces valeurs sont toutes susceptibles d'être pulvérisées, anéanties en un ou plusieurs jours, comme le furent celles de nos aïeux en l'année 59, sous le règne de Néron (terrible accident dont l'incendie de Moskow n'est qu'un échantillon); pourquoi les Lyonnais ne seraient-ils pas aussi consultés sur les moyens de concilier leurs intérêts avec celui d'un état auquel ils ne sont point incorporés par droit de conquête ni d'hérédité, mais en vertu de conditions solennellement proposées, discutées et stipulées en conseil par des mandataires du trône et de la cité? Serait-ce, comme en 1793, parce que nous sommes les plus faibles, et que par ce motif nous devons une obéissance passive aux agens du pouvoir? S'il en est ainsi, la charte qui nous régit ne serait pas plus *une vérité* que les précédentes...; alors nous serions vraiment fondés à dire à ces agens ; votre but principal étant de nous opprimer tôt ou tard, les fortifications dont vous prétendez enceindre notre ville étant plutôt disposées pour sa ruine que pour sa conservation, cessez d'y travailler, congédiez vos ingénieurs, vos sapeurs et vos pionniers, et laissez-nous administrer comme anciennement nos affaires. Si nous sommes attaqués, nous résisterons seuls ; si nous ne sommes pas en état de lutter, nous capitulerons ; si nous sommes écrasés et conquis, nous subirons la loi du vainqueur, comme en 1814 et 1815; quelles que soient les conditions qu'il voudrait nous imposer, elles n'équivaudront jamais à l'obligation de dépenser notre or, et prodiguer nos sueurs, notre sang même, pour faciliter l'embrasement général de nos malheureux pénates.

Afin de ne pas être taxé de visionnaire ou méticuleux, par les optimistes de bonne foi, ou les désireux de sinistres, en vue d'acquitter plausiblement leurs dettes, de récupérer des emplois lucratifs, et faire quelquefois plus...., il serait bon d'annexer ici le plan de correction, d'épouvantail ou de punition que pourrait imaginer, exécuter *ad libitum*, un général de l'une des qualités ci-dessus spécifiées, et cette tâche ne nous serait sûrement pas bien difficile, mais elle exigerait un laps de temps assez considérable, et retarderait la publication de cet écrit, déjà dispendieuse pour son auteur obscur et sans ambition.

Comme cet opuscule intéresse essentiellement les plus opulens citoyens de toutes les opinions, pour peu qu'ils daignent visiter et vérifier les lieux auxquels il a trait, ces Messieurs seront suffisamment convaincus de la justesse de nos observations, et de la pureté de nos sentimens.

C***.

Imprimerie de Brunet, grande rue Mercière, N.° 44.

www.ingramcontent.com/pod-product-compliance
Lightning Source LLC
LaVergne TN
LVHW012012160826
845678LV00002B/795

* 9 7 8 2 3 2 9 6 6 9 2 0 5 *